DISCOURS

PRONONCÉS SUR LA TOMBE DE MONSIEUR

B. P. DE LAGET,

Président de la Chambre des Notaires de Marseille,

Vice-Président du Conseil d'Administration de la Caisse d'Épargne,

Décédé le 21 Septembre 1856.

MARSEILLE.

TYP. ET LITH. BARLATIER-FEISSAT ET DEMONCHY,

PLACE ROYALE, 7 A.

1857

Le notariat de Marseille vient de perdre un de ses membres les plus honorés. M. DE LAGET, président de la Chambre des Notaires en exercice, vice-président de la Caisse d'Épargne, a succombé hier à la suite d'une longue maladie. Il exerçait les fonctions de notaire depuis 1827. Plusieurs fois ses collègues l'avaient appelé à faire partie de la Chambre de discipline, et il s'était toujours acquitté de cette mission avec un zèle et un dévouement au-dessus de tout éloge. D'un caractère facile et bon, M. de Laget avait su se concilier l'estime et l'affection de tous ceux qui l'ont connu. Il était entré dans sa 62me année et sa famille pouvait espérer le conserver encore longtemps. La mort de M. de Laget sera apprise avec une vive peine dans notre ville, et tous ceux dont il était connu s'associeront à la légitime douleur des siens.

A. BARLATIER.

Extrait du Journal du Notariat

du 1er Octobre 1856.

M. de Laget, président en exercice de la Chambre des Notaires de Marseille, et vice-président de la Caisse d'Épargne, vient de mourir. M. de Laget était notaire depuis le 15 mars 1827 ; il était à la fois l'un des membres les plus distingués de sa corporation, et l'un des citoyens de Marseille les plus honorés et les plus respectés. Un immense concours assistait à ses funérailles. M. Tournaire, au nom de la Chambre, et M. Catelin, au nom du Conseil d'administration de la Caisse d'Épargne, ont prononcé un discours que nous reproduirons dans notre prochain numéro.

Extrait du Journal du Notariat

du 4 Octobre 1856.

———

Nous avons annoncé dans notre dernier numéro la perte douloureuse et si regrettable que vient de faire le notariat et l'on peut dire toute la ville de Marseille, par la mort de M. de Laget, notaire, président en exercice de la Chambre des Notaires et vice-président de la Caisse d'Épargne de Marseille. Nous donnons aujourd'hui le discours prononcé par M. Tournaire au nom de la Chambre des Notaires, et celui de M. Catelin au nom du Conseil d'administration de la Caisse d'Épargne de Marseille.

DISCOURS

PRONONCÉS

SUR LA TOMBE DE M. B.-P. DE LAGET,

Président de la Chambre des Notaires de Marseille ,

Vice-Président du Conseil d'Administration de la Caisse d'Épargne.

Discours de Me TOURNAIRE,

au nom de la Chambre des Notaires.

MESSIEURS ,

Arrivés au milieu de ce champ d'éternel repos , devant
cette pierre qui doit sceller la tombe de notre vénéré
Président, et nous séparer pour toujours de celui qui,
dans la Chambre et dans la Compagnie, fut le gardien
de notre discipline intérieure et le dépositaire de notre
dignité professionnelle , faisons comme une halte dans
la douleur, et au nom de ses confrères attristés, laissez-

moi dire, en quelques mots, tout ce qu'il y avait de loyal et d'élevé dans le caractère de l'ami que nous pleurons.

Barthélemy-Polycarpe de Laget naquit à Marseille, en 1795 ; son berceau fut éclairé de la lueur de ces orages sinistres qui embrasèrent et le trône et l'autel, ces deux symboles de sa foi politique et de sa foi religieuse, quand vint pour lui l'âge de raison.

Son père, fils d'un avocat distingué au Parlement de Provence, avocat lui-même et plus tard juge au Tribunal civil de Marseille, député par la ville pour assister au sacre de l'Empereur et siéger au Corps législatif, éleva celui que nos regrets accompagnent à cette dernière demeure, dans les principes d'une piété éclairée et dans les sentiments de droiture magistrale dont notre regrettable confrère n'a jamais dévié.

Appelé plus tard à mettre en pratique les leçons d'austère probité qu'il avait reçues dans sa famille, M. de Laget professa en tout temps et envers tout le monde ce respect des droits des tiers, ce sentiment passionné du devoir qui devinrent les qualités dominantes de son noble caractère.

Nommé aux fonctions de notaire, en 1827, M. de Laget a eu l'inappréciable avantage de conserver toujours intacte en ses mains la part de délégation souveraine que ses fonctions lui avaient confiée. Honoré de l'amitié des magistrats, en possession de la confiance de quelques-unes des familles les plus recommandables de notre populeuse cité, entouré de l'estime générale de ses confrères, il apporta, pendant plus d'un quart de siècle, dans l'exercice des fonctions notariales, cette droiture de sentiments, cette justesse d'appréciation qui firent de l'homme public l'objet d'une respectueuse déférence et de l'homme privé un ami toujours fidèle, un guide toujours désintéressé.

Vous le savez, Messieurs, aussi prompt à exalter le mérite des autres, qu'attentif à se taire sur la valeur que son mérite personnel donnait aux conseils sollicités de de sa longue expérience, il fallait, en quelque sorte, faire violence à sa modestie pour le forcer à monter au rang où ses qualités personnelles l'élevaient. Trois fois, dans une période de dix années, les suffrages de ses collègues l'appelèrent à siéger dans la Chambre de discipline, et trois fois l'estime de ses pairs l'investit des fonctions d'officier de la Chambre. Mais ce qui nous a permis d'apprécier tout le zèle et le dévouement dont ce noble cœur était capable, ce sont les dernières épreuves auxquelles ce zèle et ce dévouement l'ont soumis.

Pendant la durée de cette présidence, dont le cours vient d'être si fatalement interrompu par la mort, le Gouvernement de Sa Majesté impériale fut appelé à résoudre une question importante pour la Compagnie; et notre Président, que ses affections et ses goûts modestes avaient, jusqu'à cet âge avancé, constamment retenu à Marseille; lui qui, pour ne pas ravir à sa famille, à ses clients, une seule de ses heures si bien remplies, avait toujours résisté aux investigations de la plus pressante amitié, au besoin du repos que ses longues fatigues lui commandaient de prendre, n'hésita plus devant ce qu'il considérait comme un devoir de sa charge.

Au milieu d'une saison rigoureuse, il se rendit à Paris, et là, jusques au pied du trône, où l'avait conduit une amitié bien précieuse à laquelle il aurait bien certainement oublié de faire appel, s'il se fût agi d'un intérêt personnel, il se fit le défenseur éloquent des droits de la Compagnie.

Le décret du 12 juin 1856, date bien rapprochée de celle de sa mort, est, en ce qui nous concerne, l'œuvre des persévérantes démarches de notre Président, et nous, ses collègues, qu'il avait inspirés de son initiative, qu'il avait associés au succès de cette œuvre réparatrice, nous devons, à côté de ces couronnes que la douleur de sa famille viendra attacher au marbre de cette tombe, déposer le tribut de notre éternelle reconnaissance.

Je viens de parler de sa famille, et pourtant j'avais la volonté ferme de ne rien ajouter, en la révélant, au poids de cette immense douleur qui plonge dans le deuil et dans les larmes une épouse, la digne compagne d'une vie si bien remplie, et des enfants qui ne trouveront des consosolations possibles au coup qui vient de les atteindre que dans les efforts que leur piété filiale les poussera à tenter pour cacher à leur mère éplorée le vide que la mort vient de faire autour d'eux. Mais laissons, Messieurs, laissons se fermer cette tombe devant laquelle toute la violence de notre douleur, toute l'amertume de nos regrets, demeurent impuissantes pour lui ravir la proie qu'elle réclame. Subissons, en chrétiens, l'arrêt fatal qui nous enlève un maître vénéré, un ami fidèle et un confrère dévoué. Inclinons-nous une dernière fois encore devant ce qui reste de cette âme loyale, que Dieu a trop tôt rappelée à lui.

Toutefois, ne laissons pas ensevelir sous cette pierre le précieux souvenir des mérites professionnels dont M. de Laget nous a légué des exemples répétés. Il est bon que nos successeurs puissent un jour chérir et vénérer sa mémoire comme nous l'avons nous-même vénéré et chéri jusqu'à sa dernière heure.

Trop regrettable ami, reçois de tes confrères consternés, de tes amis attristés, ce long et déchirant adieu ; si ma voix est impuissante pour exprimer la violence de notre douleur, que ton âme vienne lire dans nos cœurs l'amertume des regrets dont ils sont remplis.

DISCOURS DE M. CATELIN ,

Officier de Marine en retraite, Chevalier de la Légion d'Honneur, Président du Conseil d'Administration de la Caisse d'Épargne.

MESSIEURS,

Dans cette enceinte vénérée où chacun de nous retrouve un douloureux souvenir, nous nous pressons respectueusement autour d'une tombe qui vient de s'ouvrir et qui va recevoir dans quelques instants les restes mortels de de notre ami , de l'homme honnête et bon que tout Marseille regrette si justement.

Absent depuis plusieurs mois, j'avais délégué pour me remplacer dans mes fonctions de Président de la Caisse d'Épargne, M. de Laget, premier Vice-Président, qui en a dignement rempli les devoirs. Instruit qu'il était atteint d'une maladie dangereuse, je suis accouru trop tard pour lui serrer une dernière fois la main , pas assez , cependant, pour être privé de m'acquitter du triste devoir

de jeter quelques fleurs sur sa tombe, de répandre quelques larmes sur son cercueil.

Il n'y a point de témoignage d'amitié et de regret que
les nombreux amis qui l'accompagnent à sa dernière
demeure ne soient heureux de lui donner. Lui, qui a
toujours été si fidèle à ses devoirs, à ses affections de
famille et à ses amis, il a bien droit, après sa mort, à
toute la fidélité de nos souvenirs.

M. Barthélemy-Polycarpe de Laget, notaire, est né le
26 janvier 1795 ; sa carrière a été des plus honorables ;
il a toujours vécu en homme de bien, et ses exemples
sont la plus belle part de l'héritage qu'il laisse à son jeune
fils appelé à lui succéder.

Cette perte est douloureuse pour tous ceux qui l'ont
connu ; mais combien n'est-elle pas plus sensible pour
sa noble et tendre compagne qui a fait le bonheur de sa vie
et rendu moins amers les derniers moments d'une cruelle
séparation, que les sentiments pieux de notre ami ont pu
seuls adoucir. Il y a des douleurs qu'on ne peut guérir ;
je voudrais que ces quelques paroles de consolation et de
sympathie, que cet hommage public, pussent au moins
les affaiblir. Des bouches plus éloquentes que la mienne
se sont fait entendre sur cette tombe et vous ont peint la
vie honorable du collègue que nous pleurons. Je me
bornerai à parler de ce qu'il a fait pour notre administration ; la tâche est douce et facile, car je n'ai qu'à citer.

Admis comme administrateur de la Caisse d'Épargne,
le 31 décembre 1846 , il fut nommé membre du Conseil
de direction le 21 septembre 1848 , et de la Commission
du contentieux le 4 avril 1850. Réélu membre du Conseil
de direction le 5 septembre 1850 , et Vice-secrétaire le
2 avril 1851 , il faisait partie de la commission pour la
réorganisation de la Caisse d'Epargne. Enfin , nommé
Vice-président le 18 mai 1853, il a été maintenu, chaque
année , dans ces honorables fonctions.

Je suis heureux , Messieurs , qu'en ma qualité de
Président , ce soit à moi que revienne l'honneur de vous
retracer en peu de mots tous les services que M. de Laget
a rendus à la Caisse d'Epargne, à cette institution éclairée
et charitable , à laquelle les hommes les plus distingués
de notre cité se font honneur d'appartenir.

M. de Laget était très-exact à remplir ses devoirs ,
toujours prêt , malgré des occupations nombreuses , à
nous aider de ses lumières , il ne reculait jamais devant les obligations parfois gênantes de nos réunions.
Les conseils que nous allions solliciter jusque dans son
cabinet, nous étaient donnés avec l'empressement le plus
bienveillant ! Faut-il s'en étonner ! il s'agissait de l'intérêt des classes laborieuses. Une qualité très-remarquable
parmi les plus éminentes dont M. de Laget était doué ,
était son excessive modestie, vous le savez, Messieurs ;
pour le forcer à se mettre en évidence , il fallait parler de

services à rendre à ses concitoyens; faire le bien en secret, était sa plus chère envie; personne plus que lui ne fuyait l'éclat et l'ostentation ; la Compagnie honorable des Notaires sait les instances qu'il lui a fallu faire pour le placer à sa tête.

Je jouis, pour sa mémoire, de toutes ces paroles de justice affectueuses que j'entends prononcer sur lui de toutes parts, mais elles ne nous le rendront pas. Gardons de lui tout ce que Dieu nous permet de conserver le souvenir de ses bonnes œuvres et de ses vertus.

DISCOURS DE M. TEMPIER,

Président de la Chambre des Avoués de Marseille.

MESSIEURS,

Permettez à la Chambre, à la communauté des Avoués de déposer sur cette tombe l'expression douloureuse de ses regrets.

M. de Laget, dont la mort nous a si profondément attristés, fut homme de bien dans toute l'étendue de ce mot; il porta très-haut les sentiments de probité, de délicatesse, d'honneur, et l'on apercevait toujours leur influence dans toutes ses actions.

Dans le long exercice de sa noble profession, ces sentiments lui servirent de guide; il fut invariablement attaché à ses devoirs, juste, éclairé, conciliant, affable plein de sollicitude pour les intérêts confiés à ses soins, mais ne cessant jamais de garder la mesure des convenances.

Les relations d'affaires étaient avec lui faciles, agréables ; nous le rencontrions avec plaisir sur nos pas ; nous allions vers lui pleins de confiance, et nous savions que tout ce que la raison ou l'équité réclamait nous serait accordé. Sa bonne foi était inaltérable, sa parole sûre ; il remplissait avec fidélité toutes ses promesses.

Ces précieuses qualités lui avaient attiré la considération la plus haute et la plus méritée ; partout il rencontrait la plus vive sympathie.

Cette sympathie restera dans nos cœurs ; elle s'unira aux sentiments d'affection et d'estime dont nous fûmes pénétrés durant sa vie ; rien ne pourra détruire les bons, les excellents souvenirs qu'il nous a laissés.

DISCOURS DE M. LE DOCTEUR DUGAS,

Chevalier de la Légion d'Honneur,

Second Vice-Président du Conseil d'Administration de la Caisse d'Épargne.

MESSIEURS,

L'affluence des amis désolés autour de cette tombe, le silence religieux qui règne en cette enceinte, la douleur peinte sur les visages, tout nous dit que la perte que nous venons d'éprouver est grande, que les regrets sont sincères et légitimes.....

Pénétrés de ces sentiments, les administrateurs de la Caisse d'Épargne viennent rendre les derniers devoirs au digne collègue qu'ils avaient, d'une voix unanime, appelé à l'honneur de diriger leurs travaux et de préparer leurs importantes délibérations.

Naguère un des nôtres et des plus dévoués tombait frappé d'un coup mortel dans la force de l'âge et des services, et M. de Laget, déjà en butte aux prodromes de la maladie qui devait avoir une issue si funeste, ne put représenter l'administration dans cette triste solennité. Pendant qu'on regardait comme légères les atteintes du mal, il s'aggravait de jour en jour, et il était écrit dans les décrets de la Providence qu'à peu d'intervalle il nous faudrait reprendre nos habits de deuil, et venir de nouveau jeter des fleurs funéraires sur le cercueil d'un homme de bien ; qu'il nous faudrait être l'interprète des sentiments des collègues qui avaient su apprécier dans M. de Laget la netteté des idées, la probité de conduite, la solidité du jugement, le charme du caractère.

A d'autres appartient le droit de vous dire les services et les succès de M. de Laget dans l'exercice de son honorable profession, de vous le montrer entouré de l'estime de ses clients, de la confiance de l'autorité, de la respectueuse affection de ses confrères, pendant toutes les phases d'une carrière bien remplie. Pour lui, le notariat fut un sacerdoce ; il rappelait les temps anciens : toujours celui qui l'approchait avait à se louer de l'aide et des conseils qu'il en avait reçus, et proclamait bien haut ce désintéressement qui fait qu'on s'oublie pour ne penser qu'aux autres.

Pendant les dix années de 1846 à 1856 que M. de Laget a consacrées au service de la Caisse d'Épargne, nous avons pu juger, et c'est ce qui rend nos regrets si

cuisants, les qualités qui distinguaient cet homme d'é-
lite; modeste avant tout, il ne cherchait pas à briller
mais à être utile; il savait que le bien ne fait pas de
bruit, et que le bruit ne fait pas le bien. Exact et ponc-
tuel, de Laget était par dessus tout l'homme du devoir ;
administrateur, directeur, secrétaire, vice-président,
nous l'avons vu remplir ces diverses fonctions avec la
capacité éprouvée d'un homme vieilli dans les affaires,
et cette religieuse régularité qui est pour tous les em-
ployés un exemple et un stimulant. A la tête du service
dans le cours d'une épidémie meurtrière, il néglige ses
propres affaires, il s'oublie lui-même pour satisfaire à
toutes les exigences.

Dans nos assemblées sa parole était sobre, claire,
lucide, le sens droit, l'amour du bien l'inspirait toujours ; constamment dépouillé de pompe et d'artifice,
arrivant à propos, à l'heure voulue, elle était constamment écoutée et suivie.

De Laget était un homme pratique dans l'acception
la plus entière du mot, un de ces hommes rares et
indispensables que les professions libérales, qui tou-
chent à tout, préparent pour être de bons administrateurs.

Tout dans de Laget attirait la sympathie et l'affection, tout commandait l'estime et le respect, tout inspirait la confiance ; aussi à la caisse d'épargne, à la

chambre des notaires, dans la cité entière il était entouré de ces sentiments.

De Laget connaissait la vie et ses misères ; sa foi était éclairée et fortifiée par la raison, il savait que la récompense suit l'épreuve, qu'à la saison de douleur et au temps de combat succède l'heure des biens immortels pour l'homme vertueux. Nourri dès son enfance sur le sein d'une mère chrétienne, les sentiments religieux ne l'abandonnèrent jamais dans le cours de sa carrière. Il y puisa d'ineffables consolations dans les luttes que l'homme de bien est toujours obligé de soutenir. Ces sentiments apportèrent un grand soulagement dans ses dernières souffrances. Comme bien peu d'hommes il savait lire et méditer, et, en compulsant ses livres favoris, on pouvait dire de lui : « je sais de quoi tu t'occupes, je sais ce que tu peux « devenir. »

Adieu, cher collègue, alors que les pauvres attendaient de toi encore de longs services, que tes confrères, te plaçaient à leur tête dans toutes leurs assemblées, alors que nous étions en droit d'en appeler à la sagesse et à la maturité de tes décisions, que tout dans toi et hors de toi te promettait le bonheur, et que tu obtenais, souriant à l'avenir, et les douceurs de la famille et les satisfactions de l'homme public, alors que tu pouvais t'enorgueillir de trou-

ver à tes côtés un jeune fils qui marchait sur tes
traces , et était en perspective la consolation de tes
vieux jours , qu'une compagne digne de toi, qu'une
famille adorée conspirant à l'envi à ton bonheur ,
voulaient te rendre tout ce que tu leur avais donné, alors
que nous disions tous que ta carrière n'était point
finie, qu'à l'âge de l'action succédait l'âge d'un repos utile et honoré , Dieu qui sait, en a jugé autre-
ment que les hommes qui croient savoir... Il te ravit
à notre affection, mais il t'appelle à lui pour couronner
tes vertus.....

Long-temps nous saluerons ta place laissée vide dans
nos conseils!.. long-temps nous entendrons encore les
derniers échos de ta voix bien-aimée..... Long-temps tes
collègues parleront de toi les larmes dans les yeux et
la douleur dans l'âme.... Mais, dans les cas difficiles,
nous nous inspirerons de ton souvenir, de ta pru-
dence consommée, de ton abnégation, de ton courage
civique , de ton dévouement au bien public ; et ce
sera rendre un dernier et légitime hommage à ta mémoire
vénérée.